DISECCIÓN DE UN VACÍO

Verónica Cebollada Gil

COLECCIÓN ITES

DISECCIÓN DE UN VACÍO

© Verónica Cebollada Gil
© de esta edición: Olé Libros, 2025

ISBN: 979-13-87951-27-6
Depósito legal: V-4467-2025
Impreso en España

KALOSINI, S. L.
Grupo editorial **olélibros**
equipo@olelibros.com
www.olelibros.com

A Isabel y a Valero,
por salvarme siempre del abismo.

A mi abuela,
luz de mi vida.

Y, por supuesto, a mi madre.

Wyrd bið ful aræð.
('el destino sabe lo que hace')
THE WANDERER, V. 5B

Tenía razón en lo que decía. Aunque haya escritores que lo nieguen,
todos escribimos por algo, o, mejor dicho, para alguien,
aunque ese alguien nunca llegue a saber que es así.
JULIO LLAMAZARES, *VAGALUME*,.

Premonición

El día que no estés
y sé que llegará ese día
las lágrimas caerán gravitatoriamente
sobre aquellas baldosas
que guardaron nuestros pasos.
Dejarán mis huellas un rastro
indeleble de tristeza
dondequiera que pisen mis pies
y no habrá rincón del mundo insonoro a mi sollozo.
El día que no estés
y sé que llegará ese día
sonará a cualquier hora el teléfono
mientras yo me termino el café
y escucho en la radio las noticias
cinco minutos antes de ir a trabajar
igual que antaño
cuando todo era normal y nos queríamos
pero no serás tú
ni tampoco yo
y bailarán sobre los charcos
los pies de los hijos
que no tuvimos.

PARTE I

ANATOMÍA DE UN DOLOR

Instante crítico

Desconozco la hora exacta
a la que se pararon los relojes del mundo,
mi caja torácica inundada
de un hálito de hielo blanco.
Las doce de la mañana,
quizá un poco más tarde.
Los últimos sorbos de amor transitaban
el canal sigiloso de mi garganta,
la excepcionalidad de un segundo
palpitaba en el reloj de arena.

Tic.
Tac.

Se me cerró la tráquea.

Cuarenta y dos grados.
Era el verano más caluroso de Zaragoza,
la máscara de cera derretida,
la mecha a punto de prenderle
fuego a tu respiración.
Una calle que podría ser cualquier calle,
una luz entre millones de sombras,
y yo,
al otro lado del mundo, en la acera de enfrente,
decidí aquel día no volver a subir las escaleras.

DISECCIÓN

En nombre de la pérdida
mi cuerpo troceado
sobre la mesa del asesino
en serie, sigo la película de mi vida:
crónica de una muerte anunciada.
Me duele todavía
el puñal de tu partida
hundido entre las vértebras de mi espalda
dedos de porcelana custodian el cuerpo.
Una mano ensangrentada
se acerca a la mesa, susurra:
solo te dolerá un momento
que durará toda la vida.

31 DE OCTUBRE

Hoy podría ser cualquier día de octubre.
A las seis y media ha sonado la alarma,
una mañana más de esas
en las que me despierto sin ti,
nihil novum sub sole,
supongo.

Llovía.

Las gotas descendían sobre mi rostro,
llevaban cosidas tu nombre.
En el instituto había
un concurso de disfraces,
del que no voy a hablarte
para que el silencio no certifique tu ausencia.
Y he intentado no pensar en nosotros,
sonreír con elegancia, hacer que no duele,
pero he llegado a casa
y la cena no estaba hecha,
y no tenía mensajes en mi teléfono,
y no era un día cualquiera de octubre.

Todos los deseos no se hacen realidad

La decadencia del cuerpo,
el transitar inevitable del tiempo,
escrito está en mi alma vuestro gesto,
forjado a base de fuego lacerante
sobre la piel fúnebre de mi torso.
Te
has
marchado,
como el otoño que precede al invierno.
Y no existe a lo ancho del mundo
lugar indoloro a tu partida.
No te quise nunca
como se quiere por primera vez,
es cierto,
pero, amor mío,
te hubiera querido siempre
como la última.

Hedor del cuerpo

Amarillo color muerte
sol errante, faro de mi vida
si tú supieras
cuánto lo intentamos
cuánto lo intenté.

El silencio que habita las despedidas

Esta noche me he desvelado a las cinco
—cada día duermo un poco más—,
las luces todavía estaban apagadas,
la vida, demasiado encendida,
sobrevivía tímida entre rescoldos de nostalgia
allí donde convergen la duda y la culpa.

He observado el vacío de la cama,
el frío de unas sábanas que nadie habita,
y he vuelto a las preguntas constantes,
al absurdo intento de entender la historia.

Después he deambulado por toda la casa,
observando, melancólica,
los lugares donde ya no nos amamos:
un puñal de acero entre mis costillas.

He marcado de nuevo tu número de teléfono,
me he inventado un diálogo alternativo
que ha existido solo en mi cabeza:
«te quiero»,
        «vuelve»,
                «perdóname»,
y alguna gilipollez más
de esas que tendrían el mismo
                sentido que la vida:
                        ninguno.
Pero tú no sabrás nunca
que aquella noche
te quise de vuelta.

CONDICIONALIDAD DE UN SENTIMIENTO

Algunas veces, pese a todo, pienso
si fuimos felices en esta casa,
si hubo verdad en ese «para siempre»
que susurraste a destiempo,
si has encontrado mis labios en otra boca
o no los has buscado,
si todavía esperas mis mensajes
como quien aguarda la primavera
con esa fe ciega que te invita a creer
que podemos volver a intentarlo.
No sé si miras el teléfono
esperando que aparezca mi nombre
o, con la calma gris de quien no espera a nadie,
si pronuncias todas sus letras
cuando el mundo entero está en ruinas
y no encuentras puerto seguro
en el que esperar que amaine la tormenta,
o permanece en el exilio de tus recuerdos.
Y aunque conozco la respuesta exacta
a todas las preguntas,
me refugio, obstinada
en el consuelo de la duda.

A NADIE LE INTERESA YA SI NO PIENSO EN TI.
Dan por hecho que el tiempo,
el paso irrefrenable de los días,
la lluvia, la llegada de otro otoño
han enterrado en un ataúd,
bajo gruesos granos de arena,
lo que no se nombra
por miedo a que se recuerde.
Así andamos ahora,
de puntillas, silenciosos,
fantasmas apenas,
dentro de una memoria raquítica,
la sombra de un rostro
que mira de frente al olvido,
una herida que duele, late,
y aunque el silencio pese,
aún quema, en lo más hondo,
el nombre que no digo.

Colapso

Inhalé la vorágine de tus palabras
una
a
una.
En los márgenes de la duda
solo quedó el miedo,
recortes de incertidumbre en las paredes.
La idea arrancaba de mi piel cada beso
trozo
a
trozo.
Apretaba este presente cadenas al pasado
ahora ya tan muerto,
tan lleno de negro azabache,
se cerró la puerta de un golpe seco,
fluctuó la sangre, veloz por todo mi cuerpo.
No sabré jamás si aquel día
fue el último
o fue el primero.

PARTE II

CUERPO EN DUELO

Amor, cómo llamar a una herida
sin utilizar tu nombre.

København Lufthavn

Yo quería viajar al fin del mundo contigo,
que tu nombre fuera el único
idioma que hablara mi lengua.
Soñaba con conocer Copenhague
a pesar de que tú siempre insistieras
en que no iba a gustarme.
Quería jugar contigo en la nieve
como dos niños
que no entienden el peligro,
cocinar un bizcocho de plátano
a las seis de la tarde en noviembre
y descubrir, a las nueve,
que ya no quedaba nada.
De verdad que yo quería
bucear solo en tu alma,
construir en ella una estación
a la que volver cuando el camino
se volviera incierto y oscuro,
vivir en una casa rodeada de animales
entre el crepitar de la aurora
y el rumor de las estrellas.
Ahora solo pienso, rendida en esta noche,
cómo hubiera sido esa vida en el campo,
pero la verdad inevitable asoma,
y aunque no escuché el crujido,
vi arder
la nieve,
la casa,
el sueño.

ESCOMBROS

Los objetos se desintegran en ti,
la mesa de la habitación,
las sábanas que cubren mi cuerpo.
Estás en la encimera de la cocina,
en la silla de la terraza,
también en el trozo de tela que forma mi falda,
estás en lo intangible y en lo humano,
en lo divino y trascendente,
todo es ausencia de ti,
un recuerdo permanente de que te has ido.
La sombra de un agujero negro me persigue
a donde quiera que vayan mis pasos,
una soga indestructible alrededor de mi cuello
aterriza con fuerza sobre mi garganta.
La despedida,
el vacío desolador de una espera
interminable.

CESACIÓN

Tengo una lágrima atascada en el ojo,
vuelve a su origen
movida por el desaliento.
El latido de una mentira,
convertida ahora en bola de fuego,
arde junto al recuerdo de ayer.
Soy un bidón de gasolina
en manos de una llama.

La ciudad ha ardido.

El atardecer naranja de tus ojos
camuflado con el rojo de mi memoria,
eco constante de la única certeza
que sobrevivió aquel día:

No volver a quererte nunca
como te quise entonces.

ATEMPORALIDAD DEL SENTIMIENTO

Una
vez
te
llamé
Roma.

ΝΟΣΤΑΛΓΙΑ

Mis dedos buscaron tu piel más de un millón de veces
por los confines del mundo, de la tierra.
Grité al cielo para que supieran las estrellas
que eras mío, aunque nada de ti me pertenecía entonces.
Fui a llamarte más de un millón de veces,
solo el aire respondía a las plegarias,
desaprendí los recuerdos para volver a aprenderlos
en una casa que sin ti no era hogar.
El silencio de los muebles retumbaba en mis oídos:
silencio de un vacío.
La noche estaba tibia, me dolía la luna en el ombligo.
Cuántas veces quise
escuchar tu voz tan cerca de mi cuello,
acunando el sollozo
del destino inevitable.

Retroceso

Ha pasado el tiempo y aun así, a pesar de todo,
ayer busqué tu contacto en la agenda,
un día como cualquier otro, podría decir.
Mis dedos conocían de memoria el camino,
recordaban el número detrás del rostro,
no la piel que lo habitaba.
Miré con detenimiento tu nueva foto de perfil.
Estás tan guapo como siempre, pensé,
quizá un poco más fuerte,
y quise escribir que te echo de menos
con toda la jodida nostalgia
que cabe en esta cárcel,
silenciar la figura sepulcral de este ego,
prometerte que vamos a salir adelante,
esta vez sí que sí,
y quise, quiero, hace muchos días,
confesarte que el olvido es otra forma de llamarte,
que me ahogo mientras busco
tiritas frágiles para una herida
que no cabe en el mundo.

LA PLUIE

Vuelvo al error de siempre,
a pensar en ti de camino a casa.
Cuento los pasos que conducen a la jaula,
el bullicio de la terraza
al otro lado de la calle,
la silla donde solías sentarte
(y que ahora ocupa un desconocido),
el camarero me saluda desde la otra calle,
no ha vuelto a preguntar por ti.
De forma autómata, inconsciente,
brazos de metal sostienen mi cuerpo.
Y entre tantos errores he vuelto
a creer en nosotros,
en la llamada que no llegó nunca
a releer la palabra cariño, *mon chat*,
esa que hace años ya nadie pronuncia.
Observo la luna desde este país extraño,
desde este balcón tan tuyo, tan nuestro,
tan de nadie ahora.
El cielo se me antoja frío,
un abrazo de hielo abrasador
tan solo dueño de una sombra.
¿Estás quizá al otro lado?

¿Y SI VINIERAS A BUSCARME
de pronto, en cualquier momento,
un sábado por la noche?
Si me dijeras que soy el amor de tu vida
y el dolor se volviera sigiloso,
apenas un roce entre dos hojas,
y te arrepintieras de haberle prendido
fuego a todo.
Yo te confesaría que guardo
el boceto de aquel sueño
cuando todavía dormíamos
y te abriría de par en par los brazos
dispuesta para el sacrificio.
Si vinieras
de pronto, en cualquier momento,
un sábado por la noche,
esta no sería
nuestra historia.

ABRIL, QUIZÁ

Para saber de amor, para aprenderle,
haber estado solo es necesario.

GIL DE BIEDMA

Imagina que tú y yo volviéramos a encontrarnos
dentro de ocho años, por ejemplo,
con la piel más arrugada
y los ojos un poco más cansados.

Me mirarás, quizá, con un ansia inagotable
o con un corazón inaccesible,
lo más probable.

Te habrás ido a vivir a Copenhague,
tal vez tengas ya dos hijas
—y una se llame Catalina—.
¿Conseguiste vender la casa?,
te preguntaré sabiendo ya la respuesta.

Y tú me mirarás con el vacío gélido
de quien ya no espera a nadie.
Yo te diré: Soy feliz, sigo con mis cosas,
como siempre,
y me iré
sin recoger el corazón de tu bolsillo.

Ladrón de guante blanco

*El alma se me consume de dolor
por la ausencia de Odiseo.*

HOMERO

La rutina la vida a tu lado
descoser memorias como hilandera
que colgada de la cima
aguarda paciente a su Ulises.

El árbol de la vida me lo arrebataste
en esta noche oscura donde no atino
a encontrar nada que no seas tú
deshabito constante la celda de mi mente.

Me deslizo entre sueños de polvo
donde todavía eres mío
beso por primera vez el engaño
me arropa Morfeo en su manto.

Acaricio la decadencia el destierro
no habrá luz después del incendio
abrazo por última vez el desastre
permanezco inmóvil para siempre en este desierto
lleno de ausencias.

*Toda la poesía del mundo
duerme esta noche en tu boca.*

PALMARIA

Escucho las voces de las personas
ausente
entre una multitud,
hablan de sus próximas vacaciones:
Berlín, Praga, Ámsterdam,
quizá Palermo.
Maldita sea.
No hay lugar del mundo
que quiera habitar sin ti.

Le observaba a lo lejos,
a una distancia sideral de las estrellas.
El azul celeste de sus ojos,
la curva de sus labios,
y el horizonte entre uno y otro:
era un sueño de verano.
Los relojes del mundo se detuvieron en su rostro
mi corazón en pausa,
no pude evitarlo:
«Por favor, no te muevas»,
recé en todas las lenguas.
Y él se acercó, incómodo,
caminaba erguido, como tantas otras veces
había caminado:
«Perdona, ¿nos conocemos?».
«Lo siento, me recuerdas tanto a alguien
que solía conocer».

UNA VEZ TE LLAMÉ AMOR

Una vez te llamé amor,
te llamé amor
yo a ti,
príncipe del norte,
rey de todas mis tinieblas.

Hubo un tiempo en el que te quise,
con el corazón que ya no tengo,
con la herida en carne viva,
una vez
que duró toda la vida.

Mon amour

Al final nos cansamos de meter la pata.

Un vértigo duerme en mi cama,
a las seis y media toma café en la cocina,
coge el autobús a las ocho,
pasea por las calles más recónditas de la ciudad del cierzo.
A veces, habla con algún extraño,
pregunta si el precio de la muerte es la vida
o si el precio de la vida es el miedo,
muerde un trozo de *croissant*, ha empezado a llover.
Tuve miedo tantas veces.
Por la noches, se acurruca en mi almohada,
me recuerda los lugares a los que tú y yo
ya no iremos,
enciende aquella canción con la que solíamos bailar
por si tus labios se me aparecen,
mon amour je t'aime:
el insomnio,
preparan la guerra los vasos, los cuchillos,
la pared del pasillo me observa,
giro mi cuerpo, tan sin fuerza,
le doy la espalda
como si así pudiera evitarlo,
pero las dudas siempre vuelven,
bebo la sangre de los jardines de invierno
donde la niña soñaba con el príncipe del norte.

Algunas incertidumbres es mejor no entenderlas nunca.
Te lo digo yo,
que siempre fui tan de principios
y tú tan de finales,
mon amour je ne t'aime plus, perdóname.

PARTE III

PILARES DEL DESASTRE

LOS PILARES DEL DESASTRE
sobre las palmas de mis manos,
ruinas del ocaso,
hay un final inevitable para cada historia.
Ahora la vida es recuerdo
de una primavera lejana.
Lejos del cataclismo,
un imperio de ceniza
descubre la memoria.
Llega demasiada luz al hipotálamo,
revierten abismos mis ojos,
destellos de besos apenas existen
de una boca diáfana, los labios.
La cadavérica caricia sometida al tiempo,
se rinden las promesas.
Era mentira eso
de para toda la vida.

Has cambiado tan de repente

Todas tus decisiones
te han llevado a este punto.

Xavibo

La pantalla de un teléfono nos separa,
entre luces y sombras se camufla la ausencia.
Dos países cercioran la distancia.
La verdadera frontera habita
en los ojos de quien no tiene lágrimas.
En línea,
siete letras para un latido.
¿Lo escuchas?
Nunca respondiste a mi último mensaje.
En línea,
escribirás ya a otro amor,
no tendrá mi nombre.
Estarás prometiendo oro
a quien solo podrás dar cenizas.
En el fondo,
no has cambiado tanto.

De ausencias y amores

Un lunes cualquiera
dentro de una normalidad mortífera,
a un paso del precipicio
volteo el rostro, los cuerpos se amontonan,
no hay momentos,
la nostalgia engaña a la memoria:
cuerpos amputados, entumecidos todos ellos,
sin brazos, sin piel, sin nombre,
un vertedero hecho a mi medida
donde palabras huérfanas
caminan a la intemperie,
me miran sin ojos,
las letras han borrado la historia,
sobrevive la promesa de no volver
por encima de todas las cosas,
caminan por el filo del recuerdo
quienes niegan el olvido,
me sangran los pies,
tienen frío mis heridas.

DE AMORES Y OTRAS GRANDEZAS

Nos encontramos como si no hubiera
pasado la vida
y había pasado la muerte,
oscura,
por la piel inerte de lo que estuvo vivo
y ahora estaba tan muerto,
jardín de infancia en un cementerio hostil.

Encontraron,
dicen las malas lenguas,
he oído por ahí,
un yacimiento de memoria y polvo
que voló con el viento,
vete tú a saber dónde,
a algún punto de la tierra.

¿En qué recóndito lugar del mundo
encontrarán ahora nuestros ojos?
¿Quién los habrá visto y habrá pensado
que todavía nos queremos,
que todavía existimos
como si no hubiéramos sido
un jodido hundimiento?

IN VERITATE VERITAS

Tu corazón me pareció siempre
el lugar más álgido de la tierra,
tus ojos, un lugar frío.

Yo no supe darme cuenta,
evitaba la nieve a saltitos,
me resbalaba en tus promesas,
pero tú sabías curar las heridas,
hallar siempre la palabra exacta,
el abrazo a tiempo.

Tus ojos fueron siempre un lugar gélido,
y mi cuerpo, demasiado caliente,
solo podía arder en soledad
o morir de frío contigo.

ESPEJISMOS

Debajo de mi vida, polvo
debajo de mi garganta
una rana croa.
No puedo articular palabra
cada final te pertenece
prendí fuego a tu voz
para no escucharla
en este tropiezo de desiertos
donde el agua fue siempre ilusoria.

BOTICARIO

Desde que no estás a mi lado las cosas me van bien.
Salgo algunos sábados,
visito de vez en cuando el mercado de la Seo,
busco algún libro de Ángel González, Gil de Biedma,
observo la rutinaria melancolía del mundo,
el engullir constante de la tierra.
Vendrán después de nosotros otros pasos
más nuevos, más firmes
que crean en el amor perdido,
en Heathcliff, Catherine, Vronsky, Anna.
Después me encuentro con Patricia,
conversamos un rato, me pregunta cómo estás
(disimuladamente),
y yo sonrío
(también disimuladamente)
como si no me importara ya,
pero en el fondo me consume la certeza
de que fuimos sentencia mucho antes que delito.

PARTE IV

ÚLTIMO ACTO DE AMOR

POMMERET

Para Susu

No voy a mentirte.
Hay días en los que todavía me pregunto
en qué cama dormirás esta noche
mientras atraviesan mis ojos la ventana
hacia el cielo oscuro casi negro
sobre una luna de enero,
qué almohada del mundo sostendrá tu olor
en la palma de sus manos tiritantes.

Tímidos restos de pasado se mezclan
con el hielo de la copa,
abrigo para una nostalgia intermitente.
Mis dedos no recuerdan el número,
tu voz es un teléfono
al que ya no llama nadie.

Y muy de vez en cuando todavía me pregunto
en qué momento del día, del mes, del año,
recordarás nuestra imagen,
vívida o muerta,
decadente, lo más probable.
A mí se me cae el mundo:
no poder recordarte
de la misma forma en que te quise.

ALGÚN DÍA QUIZÁS CUANDO SEA TARDE Y SALGAS DE TRABAJAR
mientras compres alguna guarrería de las de siempre
te preguntes por qué huiste
será un pregunta breve, fugitiva
una pregunta que nadie contestará nunca.
Y que quizá ni siquiera te robe demasiado tiempo.
Yo no sé dónde estaré entonces
tal vez en la misma ciudad y en la misma casa
tal vez todavía guarde algún recuerdo de nosotros
o quizá cuando pronuncie tu nombre
todavía me tiemble el sueño debajo de la lengua.
No sé si me acordaré de ti
si alguien podrá explicar
lo que le ocurre al amor después del tiempo.

HUBO UN TIEMPO EN EL QUE TUVISTE UN NOMBRE
te llamaba y me llamabas
y las puertas de la casa sonreían con júbilo.

Hubo un tiempo en el que tuviste una cara
dos estrellas te iluminaban el rostro
la galaxia favorita de todos mis sueños.

Hubo un tiempo en el que tuviste una voz
yo vivía encadenada a su ritmo
dormía en las vocales de tu lengua.

Pero ese tiempo ha expirado y ahora
sin nombre sin cara sin voz
nada puede devolverte el reino.

Semántica del sentimiento

En cierto modo creo
que nuestra historia siempre estuvo
invitada al último baile
de igual forma en la que los primeros actos
siempre anticipan el final de la obra.
Tus palabras gritaban silenciosas
tus pasos negros como el cuervo
auguraban la partida
cuarenta y dos cartas y ninguna mano
me sostuvo aquella mañana.
Jugamos en ocasiones cerca
muy cerca de ese filo
amputó el machete la raíz
no sobrevivió ni un solo destello
a la noche en la que prometimos el cielo
se quedaron nuestros pies
enganchados en la miel
la sangre empezó a enturbiarte el alma
vi desde el sofá apagarse el día
fuiste la respuesta errónea a mis plegarias.

Mi amor, solía llamarte
creía que eras amor mío
ni lo uno ni lo otro fuiste
perdóname
te quise desde mis abismos
bañada en sombras de infancia
en fantasmas que susurran todavía
a mis espaldas
cegada por una luz turbia
por un humo grisáceo
que se me antojó blanco en tus brazos
y ahora lo entiendo
dentro de ti no hallé nunca
lo que encontré fuera
mi amor, perdóname,
no te quise suficiente.

Yo no nací sino para quererte
y desqueriéndote ahora
el horizonte de mi pecho descubierto
se aproxima a un vacío colosal.
En una batalla conmigo misma
me bato en duelo.
El rostro del espejo me reprocha
todo lo que hice en nombre del amor
me visitan por la noche sombras
silencios de una ausencia, a veces
ecos de tu voz, muy de vez en cuando
un murmullo silente que confiesa
lo que no quieren gritar mis labios
la derrota inevitable
o la victoria enmascarada
wyrd bið ful aræð
yo no nací para quererte.

TE HAS MARCHADO PARA SIEMPRE
ahora lo entiendo
tarde
como de costumbre
perdóname
todavía te esperaba
pero ahora lo veo claro
tan claro, translúcido
nadie se va de donde quiere estar
te suelto
te libero
de mi cuerpo, alma y mente
de mi corazón, de mis entrañas
me quedo a medias, sin ti
conmigo
un último acto de amor

(propio).

AGRADECIMIENTOS

Este libro es el resultado del esfuerzo, inspiración y apoyo de muchas personas, sin cuya ayuda no habría sido posible. Por eso, quiero que su última página sea una muestra de mi más sincero agradecimiento.

En primer lugar, gracias a Elena Gil Juana (@elenagil_estudiocreativo) que, en plena espera de una nueva vida, se sumó con entusiasmo a este proyecto y dio forma a la portada que hoy lo viste. Gracias también a Paola, por regalarme una mañana de su tiempo, cariño y mirada detrás de la cámara. Gracias de corazón a Sofía y a Rubén por hacerse cargo de la presentación del libro. Vuestro apoyo, entusiasmo y amistad es un regalo. También mi más profundo agradecimiento a Nora, mi copiloto en cualquier aventura literaria en la que me adentro. Gracias por estar siempre dispuesta a leerme, a aconsejar, a acompañar, por compartir conmigo el maravilloso mundo que habita los libros.

Y, como no, gracias también a Olé Libros, por acompañarme en este proyecto, por seguir creyendo en la poesía.

ÍNDICE